STATUTS

DE LA

COMPAGNIE GÉNÉRALE MARITIME

MODIFICATIONS PROJETÉES.

PARIS,
IMPRIMERIE ADMINISTRATIVE ET DES CHEMINS DE FER DE PAUL DUPONT,
Rue de Grenelle-Saint-Honoré, 45.

1861

COMPAGNIE GÉNÉRALE MARITIME.

SOCIÉTÉ ANONYME.

Par devant Me ÉMILE FOULD et son collègue, notaires à Paris.

Ont comparu :

MM. D'EICHTHAL,
DOLLFUS,
B. DELESSERT,
Isaac PEREIRE,
PLACE,
THEROULDE,

Lesquels ont exposé ce qui suit :

Par acte, en date des 16, 22, 23, 24, 25 et 27 novembre 1854, reçu par Me FOULD et son collègue,

M. Isaac PEREIRE,

M. Adolphe D'EICHTHAL,

Agissant tous deux :

1° Au nom de la *Société générale de Crédit mobilier* dont le siége est à Paris, place Vendôme, n° 15, comme étant spécialement délégués par le Conseil d'administration de cette Société, ainsi qu'il résulte d'une délibération dudit Conseil, en date du six novembre dernier, dont un extrait enregistré est demeuré ci-annexé à la minute dudit acte ;

2° Et en leur nom personnel ;

M. D'EICHTHAL, agissant en outre au nom et comme mandataire

COMPAGNIE GÉNÉRALE TRANSATLANTIQUE.

SOCIÉTÉ ANONYME.

Par-devant Mᵉ FOULD et Mᵉ MOCQUARD, son collègue, notaires à Paris, soussignés,

Ont comparu :

1° MM. Émile PEREIRE et Alexandre BIXIO, administrateurs de la Compagnie générale maritime, représentant ladite Compagnie, agissant en vertu de la délégation spéciale à eux donnée par le Conseil d'administration, le 26 juin 1861, conformément et en vertu des pouvoirs conférés audit Conseil par l'Assemblée générale des actionnaires de la Compagnie générale maritime, du 29 avril 1861 ;

2° MM. Charles MALLET, vice-président du Conseil d'administration de la Société générale du Crédit mobilier, et le baron SEILLIÈRE, administrateur représentant ladite Compagnie, agissant en vertu de la délégation spéciale à eux donnée par le Conseil d'administration, le 26 juin 1861, conformément et en exécution de la délibération prise par l'Assemblée générale de ladite Compagnie, du 30 avril 1861,

Lesquels, après avoir exposé :

Que, le 27 novembre 1854, une Société anonyme a été formée, à Paris, sous la dénomination de Compagnie générale maritime, par acte au rapport de Mᵉ FOULD, notaire à Paris;

Que cette Société a été autorisée, le 2 mai 1855, par décret impérial approuvant ses statuts ;

de MM. RAIBAUD et fils, négociants, demeurant à Marseille, et de M. Eugène RAIBAUD, membre de la Chambre de commerce, demeurant aussi à Marseille, en vertu de la procuration qu'ils lui ont donnée par acte sous signatures privées, en date de ladite ville du treize novembre dernier, dont l'original, enregistré, est annexé audit acte;

M. François-Alphonse THEROULDE,

Agissant :

1° Au nom et comme ayant la signature sociale, ainsi qu'il le déclare, de la maison de commerce établie à Granville sous la raison LECAMPION, THEROULDE et Ce;

2° Et en son nom personnel;

3° Au nom et comme mandataire de M. Jacques-Edmond LECAMPION, armateur, maire de la commune de Granville, y demeurant, en vertu de la procuration qu'il lui a donnée, par actes sous signatures privées, en date, à Paris, du quatre , dont l'original non encore enregistré, mais qui le sera avec ces présentes, est demeuré ci-annexé après mention faite dessus de l'annexe par les notaires soussignés;

M. Émile PEREIRE, président du Conseil d'administration de la Compagnie des chemins de fer du Midi, demeurant à Paris, rue d'Amsterdam, n° 5;

M. Henri PLACE;

M. Benoît FOULD, banquier, demeurant à Paris, rue Bergère, n° 22;

M. Charles MALLET, banquier, demeurant à Paris, rue de la Chaussée-d'Antin, n° 13;

Agissant, tant en son nom personnel qu'au nom et comme ayant la signature sociale, ainsi qu'il le déclare, de la maison de banque établie à Paris sous la raison MALLET FRÈRES;

M. Charles-Auguste THURNEYSSEN, banquier, demeurant à Paris, rue Basse-du-Rempart, n° 48;

M. Mathieu DOLLFUS;

M. Casimir SALVADOR, administrateur de la Société générale de Crédit mobilier, demeurant à Paris, place Vendôme, n° 15;

Que le capital social de cette Société a été fixé à 30 millions de francs et représenté par 60,000 actions de 500 francs chacune, qui ont été souscrites par les personnes dénommées aux statuts primitifs et entièrement libérées au fur et à mesure des divers appels faits par le Conseil d'administration, conformé- aux statuts;

Que la Compagnie étant devenue, suivant conventions passées avec M. le Ministre des finances, les 24 avril et 8 juin 1861, ratifiées par la loi du 17 juin 1861, concessionnaire d'un service postal transatlantique, comprenant :

1° La ligne du Havre à New-York ;

2° La ligne de Saint-Nazaire aux Antilles et Aspinwall, avec annexes sur la Guadeloupe, le Mexique et Cayenne.

S'est trouvée dans la nécessité de construire un nouveau matériel et d'augmenter son capital social ;

Qu'il est intervenu entre elle et la Société générale de Crédit mobilier, le 19 octobre 1860, une convention relative, notamment à la cession faite à cette dernière Société de 32,000 obligations de 500 francs à émettre par la Compagnie générale maritime, et à la souscription par la même Société de 32,000 actions nouvelles ;

Que cette situation nouvelle rendait nécessaire la modification des statuts, et que l'Assemblée générale des actionnaires, du 29 avril 1861, consultée à cet égard, l'a approuvée à l'unanimité, et a donné au Conseil d'Administration tout pouvoir de la réaliser;

Que l'Assemblée générale des actionnaires de la Société générale de Crédit mobilier a, de son côté, par résolution du 30 avril dernier, ratifié la même convention;

Ont, en vertu des pouvoirs et en exécution des délibérations ci-dessus mentionnés, déclaré modifier, ainsi que suit, les statuts de la Compagnie générale maritime :

M. Henry SIEBER, négociant, demeurant à Paris, rue Paradis-Poissonnière, n° 23 ;

M. François-Benjamin-Marie DELESSERT ;

M. André-Jean-Joseph PERIER, banquier, régent de la Banque de France, officier de la Légion d'honneur, demeurant à Paris, rue Royale-Saint-Honoré, n° 6 ;

M. Vincent CIBIEL, négociant, demeurant à Paris, avenue Gabriel, n° 24 ;

M. Camille LOPÈS-DUBEC, négociant, demeurant à Bordeaux, logé en ce moment à Paris, rue Lepelletier, n° 5, élisant domicile à Paris, place Vendôme, n° 15 ;

M. Frédéric GRIENINGER, banquier, demeurant à Paris, rue Saint-Georges, n° 13,

Agissant, tant en son nom personnel qu'au nom et comme ayant charge et pouvoir, ainsi qu'il le déclare, de la maison de commerce établie à Paris, susdite rue Saint-Georges, n° 13, sous la raison J.-P. PESCATORE ;

M. Gédéon Marc DES ARTS, banquier, demeurant à Paris, rue de Provence, n° 34,

Agissant, tant en son nom personnel qu'au nom et comme ayant la signature sociale de la maison de banque établie à Paris, susdite rue de Provence, n° 34, sous la raison G. DES ARTS, MUSSARD et Ce ;

M. Hippolyte-Guillaume BIESTA, directeur du Comptoir d'escompte de la ville de Paris, rue Bergère, n° 14, au siége du Comptoir ;

M. José-Luis DE ABAROA, banquier, demeurant à Paris, rue Richelieu, n° 108,

Agissant, tant en son nom personnel qu'au nom et comme ayant la signature, ainsi qu'il le déclare, de la maison de banque établie à Paris, susdite rue Richelieu, n° 108, sous la raison J.-J. DE URIBARREN et Ce ;

M. Aimé-Stanislas DARBLAY, négociant, demeurant à Paris, rue des Vieilles-Étuves, n° 16 ;

M. Paul, duc DE NOAILLES, propriétaire, demeurant à Paris, rue de Lille, n 66 ;

M. Jean-Frédéric Van den Brock, banquier, demeurant à Paris, place Saint-Georges, n° 28,

Agissant au nom et comme ayant la signature sociale, ainsi qu'il le déclare, de la maison de banque établie à Paris, place Saint-Georges, n° 28, sous la raison Greene et Ce ;

M. Nelson Montès, négociant, demeurant à Paris, rue d'Anjou-Saint-Honoré, n° 80 ;

M. François-Barthélemy Arlès-Dufour, négociant, demeurant à Paris, rue du Sentier, n° 28 ;

M. Charles-Léopold Rhoné, ingénieur, demeurant à Paris, rue Saint-Lazare, n° 124 :

Et M. Eugène Pereire, ingénieur, demeurant à Paris, rue d'Amsterdam, n° 5 ;

Ayant résolu de fonder, sous le nom de *Compagnie générale maritime*, une Société anonyme, en ont arrêté les Statuts ainsi qu'il suit :

L'article 61 de cet acte était ainsi conçu :

« Tous pouvoirs sont donnés à MM. d'Eichthal, Dollfus, B. Delessert, Isaac Pereire, Place et Thérouldе, délibérant à la majorité, ou à l'un d'eux, délégué à l'unanimité par les autres, spécialement à l'effet de consentir aux présents Statuts toutes modifications qui seraient exigées par le Gouvernement, de passer et signer tous actes nécessaires. »

Le fonds social a été entièrement souscrit, tant par les comparants à l'acte susénoncé que par les signataires des déclarations sous signatures privées qui sont demeurées ci-annexées, mention faite dessus de leur annexe par les notaires soussignés, lesquelles déclarations ont été enregistrées.

Aujourd'hui, les comparants, agissant en vertu des pouvoirs ci-dessus, et pour se conformer aux observations de l'autorité supérieure, ont arrêté ainsi qu'il suit les Statuts de la Société anonyme créée sous la dénomination de *Compagnie générale maritime*.

TITRE Ier.

Formation et objet de la Société. — Dénomination. Siége. — Durée.

Art. 1er.

Les comparants fondent par ces présentes, sauf l'approbation du Gouvernement, une Société anonyme qui existera entre tous les propriétaires des actions créées ci-après.

Art. 2.

La Société prend la dénomination de *Compagnie générale maritime.*

Art. 3.

La durée de la Société est fixée à trente ans, à partir de la date du décret qui l'aura autorisée, sauf les cas de dissolution ou de prorogation prévus ci-après.

Art. 4.

Son siége et son domicile sont à Paris.

TITRE II.

Opérations de la Société.

Art. 5.

La Société a pour objet :

1° Toutes opérations de construction, d'armement et d'affrétement de navires, de pêche, d'avances sur consignation, et, en général, toutes opérations de commerce maritime, faites soit directement, soit en participation avec des tiers;

TITRE PREMIER.

Formation et objet de la Société. — Dénomination. — Siége. — Durée.

ARTICLE PREMIER.

Il est formé une Société anonyme qui existera entre tous les propriétaires, tant des actions de la Compagnie générale maritime, que des actions qui seront créées, aux termes de l'article 9 des présentes.

ART. 2.

La Société prend la dénomination de *Compagnie générale transatlantique*.

ART. 3.

La durée de la Société est fixée à trente ans, à partir du décret homologuant les présents statuts, sauf le cas de prorogation prévu ci-après.

ART. 4.

Le siége et le domicile de la Société sont à Paris.

TITRE II.

Opérations de la Société.

ART. 5.

La Société a pour objet :

1° Toutes opérations de construction de navires, d'armement, d'affrétement, de pêche et toutes opérations de transport maritime ;

2° L'exploitation aux termes et conditions des conventions du

2° Toute fabrication, achat, vente et transport de conserves alimentaires et d'engrais.

TITRE III.

Fonds social. — Actions. — Versement.

ART. 6.

Le fonds social est fixé à trente millions de francs.

ART. 7.

Il se divise en soixante mille actions de cinq cents francs.

Ces actions sont réparties entre les souscripteurs ci-dessous dénommés, dans les proportions suivantes, savoir :

	ACTIONS.	SOMMES.
1° La Société générale de Crédit mobilier pour vingt sept mille six cent cinquante cinq actions représentant 13,827,500 fr.	27,655	13,827,500
2° MM. Lecampion, Theroulde et Cᵉ, pour huit mille actions représentant 4,000,000 fr.	8,000	4,000,000
3° M. Theroulde, pour cinq cents actions représentant 250,000 fr.	500	250,000
4° M. Lecampion, pour cinq cents actions représentant 250,000 fr.	500	250,000
5° M. d'Eichthal, pour deux mille deux cents actions représentant 1,100,000 fr.	2,200	1,100,000
6° M. Emile Pereire, pour deux milles actions représentant 1,000 000 fr.	2,000	1,000,000
7° M. Isaac Pereire, pour deux mille actions représentant 1 000,000 fr.	2,000	1,000,000
8° M. Place, pour mille neuf cents actions représentant 950,000 fr.	1,900	950,000
9° M. Benoît Fould, pour mille cinq cents actions représentant 750,000 fr.	1,500	750,000
A reporter	51,505	25,752,500

24 avril et 8 juin 1861, et du cahier des charges du 17 février 1858 des services transatlantiques, qui ont été concédés à la Compagnie générale maritime, ainsi que l'exploitation de toutes autres lignes postales qui pourraient être ultérieurement concédées.

TITRE III.

Apports.

Art. 6.

Les comparants font apport à la Société, ès noms qu'ils agissent :

1° De tous les droits qui appartiennent à la Compagnie générale maritime, en vertu des actes, cahier des charges, décret, conventions, lois précités, à la charge par la Compagnie générale transatlantique de satisfaire à toutes les clauses, conditions et obligations qui résultent desdits actes et cahier des charges, notamment des droits et obligations résultant des conventions intervenues le 24 avril et le 8 juin 1861, entre M. le Ministre des finances et la Compagnie générale maritime, et, le 19 octobre 1860, entre ladite Compagnie et la Société générale de Crédit mobilier ;

2° De tout le matériel naval appartenant à la Compagnie générale maritime, des valeurs de toute nature, marchandises, droits, créances, traités, conventions, de tous objets quelconques, mobiliers ou immobiliers, appartenant à ladite Compagnie, énumérés dans un inventaire dressé à la date du 31 décembre 1860, accepté les 29 et 30 avril 1861 par les Assemblées générales de la Compagnie générale maritime et de la Société générale de Crédit mobilier, et généralement de toutes les valeurs actives et passives de ladite Compagnie.

	ACTIONS.	SOMMES.
Report.............	51,505	25,752,500
10° M. Charles Mallet, pour cent actions représentant 50,000 fr.	100	50,000
11° MM. Mallet frères, pour mille actions représentant 500,000 fr.	1,000	500,000
12° M. Thurneyssen, pour mille actions représentant 500,000 fr.	1,000	500,000
13° M. Mathieu Dollfus, pour huit cent vingt-cinq actions représentant 412,500 fr.	825	412,500
14° M. Salvador, pour sept cents actions représentant 350,000 fr.	700	350,000
15° M Sieber, pour six cents actions représentant 300,000 fr.	600	300,000
16° M. B. Delessert, pour cinq cent vingt-cinq actions représentant 262,500 fr.	525	262,500
17° M. Joseph Périer, pour cinq cents actions représentant 250,000 fr.	500	250,000
18° M. Vincent Cibiel, pour cinq cents actions représentant 250,000 fr.	500	250,000
19° M. Lopès-Dubec, pour cinq cents actions représentant 250,000 fr.	500	250,000
20° M. Grieninger, pour cinq cents actions représentant 250,000 fr.	500	250,000
21° M. J.-P. Pescatore, pour quatre cents actions représentant 200,000 fr.	400	200,000
22° MM. des Arts, Mussard et Ce, pour cinq cents actions représentant 250,000 fr.	500	250,000
23° M. Biesta, pour quatre cents actions représentant 200,000 fr.	400	200,000
24° M. Darblay, pour quatre cents actions représentant 200,000 fr.	400	200,000
25° M. de Abaroa, pour cent actions représentant 50,000 fr.	100	50,000
26° M. J.-J. de Uribarren et Ce, pour trois cents actions représentant 150,000 fr.	300	150,000
27° M. le duc de Noailles, pour trois cents actions représentant 150,000 fr.	300	150,000
28° M. Greene et Ce, pour trois cents actions représentant 150,000 fr.	300	150,000
29° M. Eugène Raibaud, pour cent actions représentant 50,000 fr.	100	50,000
30° MM. Raibaud et fils, pour deux cent cinquante actions représentant 125,000 fr.	250	125,000
A reporter..........	58,055	29,027,500

TITRE IV.

Fonds social.

ART. 7.

L'actif de la Société consiste :

1° Dans les valeurs de toute nature, dont il est fait apport sous l'article précédent;

2° Dans le produit des actions et obligations dont il est parlé ci-après.

ART. 8.

Le fonds social est représenté par 80,000 actions, donnant droit chacune, une fois libérées, à un 80/1000e de tout l'avoir de la Société.

ART. 9.

Sur ces 80,000 actions', 48,000 actions libérées appartiennent aux porteurs des 60,000 actions de la Compagnie générale maritime, et seront échangées contre lesdites actions anciennes, dans la proportion de quatre actions nouvelles contre cinq anciennes. Les 32,000 actions de surplus sont souscrites par la Société générale de Crédit mobilier, qui en payera le montant dans les termes indiqués en l'article suivant, sur le pied de 500 francs l'une.

	ACTIONS.	SOMMES.
Report	58,055	29,027,500
31° M. Wolodkowicz, pour trois cents actions représentant 150,000 fr.	300	150,000
32° M. Nelson Montès, pour deux cents actions représentant 100,000 fr.	200	100,000
33° M. Arlès-Dufour, pour deux cents actions représentant 100,000 fr.	200	100,000
34° M. Ch. Rhoné, pour deux cents actions représentant 100,000 fr.	200	100,000
35° M. Eugène Pereire, pour deux cents actions représentant 100,000 fr.	200	100,000
36° M. Clerc Kayser et Ce, pour deux cents actions représentant 100,000 fr.	200	100,000
37° M. Benjamin Dupâquier et Ce, pour deux cents actions représentant 100,000 fr.	200	100,000
38° M. Rey jeune, pour deux cents actions représentant 100,000 fr.	200	100,000
39° MM. les héritiers de Salomon Halphen, pour deux cents actions représentant 100,000 fr.	200	100,000
40° M. Exelmans, pour cent actions représentant 50,000 fr.	100	50,000
41° M. Auguste Blanc, pour deux cents actions représentant 100,000 fr.	200	100,000
42° M. Gentil, pour deux cents actions, représentant 100,000 fr.	200	100,000
43° Mme la vicomtesse Exelmans, pour cent cinquante actions représentant 75,000 fr	150	75,000
44° MM. Léon aîné et frères, pour deux cents actions représentant 100,000 fr.	200	100,000
45° M. Boucard, pour cent actions représentant 50,000 fr.	100	50,000
46° M. Auguste Chevalier, pour trois cents actions représentant 150,000 fr.	300	150,000
47° M. Duhamel, pour cent actions représentant 50,000 fr.	100	50,000
48° M. Morpurgo, pour cent actions représentant 50,000 fr.	100	50,000
49° M. Collin, pour soixante-quinze actions représentant 37,500 fr.	75	37,500
50° M. Courpon, pour cinquante actions représentant 25,000 fr.	50	25,000
A reporter...........	59,530	29,765,000

	ACTIONS.	SOMMES.
Report,	59,530	29,765,000
51° M. Lanyer, pour cinquante actions représentant 25,000 fr.	50	25,000
52° MM. L. Pereira frères, pour cent cinquante actions représentant 75,000 fr.	150	75,000
53° M. Nicolas Cézard, pour deux cents actions représentant 100,000 fr.	200	100,000
54° M. de Saint-Pair, pour soixante-dix actions représentant 35,000 fr.	70	35,000
TOTAL	60,000	30,000,000

ART. 8.

Le montant des actions est payable à Paris, de la manière suivante :

Un cinquième avant la promulgation du décret portant autorisation de la Société ;

Et les quatre derniers cinquièmes, conformément aux appels qui seront faits par le Conseil d'administration, au moyen d'annonces insérées un mois à l'avance, dans deux des journaux de Paris désignés pour la publication des actes de Société.

ART. 9.

Le premier versement est provisoirement constaté par un simple récépissé; lors du second versement, ce récépissé sera échangé contre des certificats provisoires nominatifs portant un numéro d'ordre sur lesquels les payements ultérieurs seront inscrits, à l'exception du dernier, qui sera constaté par la remise du titre définitif.

ART. 10.

Les titres provisoires se négocient par un transfert inscrit sur les registres de la Compagnie et signé par le cédant et par le cessionnaire.

ART. 10.

Le montant des 32,000 actions souscrites par la Société générale de Crédit mobilier est payable à Paris de la manière suivante :

Un cinquième, un mois après la promulgation du décret portant autorisation de la Société;

Et les quatre derniers cinquièmes, conformément aux appels qui seront faits par le Conseil d'administration, au moyen d'annonces insérées un mois à l'avance dans deux des journaux de Paris, designés pour la publication des actes de Société;

ART. 11.

Le premier versement sera constaté par un certificat provisoire nominatif, portant un numéro d'ordre sur lequel les payements ultérieurs seront inscrits, à l'exception du dernier, qui sera constaté par la remise du titre définitif.

ART. 12.

Les titres provisoires se négocient par un transfert inscrit sur les registres de la Compagnie et signé par le cédant et par le cessionnaire.

Mention du transfert est faite au dos des titres par l'un des Administrateurs de la Société ou par toute autre personne ayant une délégation spéciale à cet effet.

La Compagnie peut exiger que la signature des parties soit certifiée par un agent de change.

Le souscripteur primitif et ses cessionnaires restent engagés jusqu'au payement intégral de l'action.

ART. 11.

Toute somme dont le payement est retardé porte intérêts, de plein droit, en faveur de la Société, à raison de cinq pour cent par an, à compter du jour de l'exigibilité, sans demande en justice.

ART. 12.

A défaut de versement à l'échéance, la Société a le droit de faire publier, comme défaillants, dans les deux journaux désignés en l'article 8, les numéros des titres sur lesquels le versement sera en retard, et de faire procéder, quinze jours après cette publication, à la vente des actions à la Bourse de Paris, par le ministère d'un agent de change, pour le compte et aux risques et périls du retardataire.

Cette vente peut être faite en masse ou en détail, soit le même jour, soit à des époques successives, sans mise en demeure et sans aucune formalité judiciaire.

Ces certificats provisoires des actions ainsi vendues deviennent nuls de plein droit; il en est délivré aux acquéreurs de nouveaux sous les mêmes numéros.

Tout certificat qui ne porte pas mention régulière des versements exigibles cesse d'être négociable.

Cette condition est mentionnée sur les titres provisoires.

Les mesures autorisées par le présent article ne font pas obstacle à l'exercice simultané par la Compagnie des moyens ordinaires de droit.

ART. 13.

Le prix provenant de la vente, déduction faite des frais, appartient à la Compagnie et s'impute, dans les termes de droit,

Mention du transfert est faite au dos des titres par l'un des Administrateurs de la Société ou par toute autre personne ayant une délégation spéciale à cet effet.

La Compagnie peut exiger que la signature des parties soit certifiée par un agent de change.

Le souscripteur primitif et ses cessionnaires restent engagés jusqu'au payement intégral de l'action.

ART. 13.

Comme l'article 11.

ART. 14.

Comme l'article 12.

ART. 15.

Comme l'article 13.

sur ce qui lui est dû par l'actionnaire exproprié ou par ses cédants, qui restent passibles de la différence, s'il y a déficit, mais qui profitent de l'excédant, s'il en existe un.

Art. 14.

Les actions définitives sont nominatives ou au porteur. Les actions au porteur se transmettent par la simple tradition du titre.

Les actions nominatives se transmettent conformément à l'article 36 du Code de commerce.

Les actions sont extraites d'un registre à souche, numérotées et revêtues de la signature de deux Administrateurs.

Elles portent le timbre sec de la Compagnie.

Art. 15.

Tout actionnaire peut déposer ses titres dans la caisse sociale ou dans toute autre choisie par le Conseil, et réclamer en échange un récépissé nominatif.

Le Conseil d'administration règle la forme des récépissés et les droits auxquels le dépôt donne lieu.

Art. 16.

Chaque action donne droit, dans la propriété de l'actif social et dans le partage des bénéfices, à une part proportionnelle au nombre des actions émises.

Art. 17.

Toute action est indivisible; la Société ne reconnaît qu'un propriétaire pour une action.

Art. 18.

Les droits et obligations attachés à l'action suivent le titre dans quelques mains qu'il passe.

La possession d'une action emporte, de plein droit, adhésion aux Statuts de la Société et aux décisions de l'Assemblée générale.

Art. 16.

Comme l'article 14.

Art. 17.

Comme l'article 15.

Art. 18.

Chaque action donne droit, dans la propriété de l'actif social et dans le partage des bénéfices, à une quotité proportionnelle au nombre des actions émises.

Art. 19.

Comme l'article 17.

Art. 20.

Comme l'article 18.

Art. 19.

Les héritiers ou créanciers d'un actionnaire ne peuvent, sous quelque prétexte que ce soit, provoquer l'apposition des scellés sur les biens et valeurs de la Société, en demander le partage ou la licitation, ni s'immiscer en aucune manière dans son administration ; ils doivent, pour l'exercice de leurs droits, s'en rapporter aux inventaires sociaux et aux délibérations de l'Assemblée générale.

Art. 20.

Les actionnaires ne sont engagés que jusqu'à concurrence de chaque action ; au delà, tout appel de fonds est interdit.

TITRE IV.

Conseil d'administration.

Art. 21.

La Société est administrée par un Conseil.

Art. 22.

Le Conseil d'administration est composé de vingt-cinq membres nommés par l'Assemblée générale des actionnaires.

Il se renouvelle par cinquième chaque année.

Art. 21.

Comme l'article 19.

Art. 22.

Comme l'article 20.

Art. 23.

Le Conseil d'administration, dont il sera fait mention au titre suivant, est autorisé à délivrer à la Société générale de Crédit mobilier les 32,000 obligations souscrites par cette Société, aux termes des traités intervenus entre les deux Compagnies, le 19 octobre 1860, et entre le Gouvernement et la Compagnie générale maritime, le 24 avril 1861, approuvés par les Assemblées générales des deux Compagnies, les 29 et 30 avril 1861, et sanctionnés par la loi du 17 juin, et en outre à émettre ultérieurement le nombre d'obligations qu'il pourra être nécessaire de créer, conformément auxdits traités.

TITRE V.

Conseil d'administration.

Art. 24.

Comme l'article 21.

Art. 25.

Le Conseil d'administration est composé de vingt membres nommés par l'Assemblé générale des actionnaires.

Il se renouvelle par cinquième chaque année.

Les membres sortants sont successivement désignés par le sort.

Ils peuvent toujours être réélus.

ART. 23.

En cas de vacance, l'Assemblée générale, lors de sa première réunion, procède au remplacement.

L'Administrateur ainsi nommé en remplacement d'un autre ne demeure en fonctions que pendant le temps qui restait à courir de l'exercice de son prédécesseur.

Dans le cas où, par suite des vacances survenues dans l'intervalle des deux Assemblées générales, le nombre des Administrateurs descendrait au-dessous de dix-huit, il serait pourvu provisoirement au remplacement par le Conseil d'administration.

ART. 24.

Chaque Administrateur doit, dans la huitaine de sa nomination, déposer dans la caisse de la Société cent actions qui restent inaliénables pendant la durée de ses fonctions.

ART. 25.

Les Administrateurs reçoivent des jetons de présence dont la valeur sera réglée par l'Assemblé générale. Il peut, en outre, leur être attribué une rémunération dont le montant et la forme seront déterminés par l'Assemblée générale.

ART. 26.

Chaque année, le Conseil nomme parmi ses membres un président et deux vice-présidents.

En cas d'absence du président et des vice-présidents, il désigne, pour chaque séance, celui des membres présents qui doit remplir les fonctions de président.

ART. 27.

Le Conseil d'administration se réunit au siége social aussi souvent que l'intérêt de la Société l'exige, et au moins deux fois par mois.

Les membres sortants sont successivement désignés par le sort.

Ils peuvent toujours être réélus.

ART. 26.

En cas de vacance, l'Assemblée générale, lors de sa première réunion, procède au remplacement.

L'Administrateur ainsi nommé en remplacement d'un autre ne demeure en fonctions que pendant le temps qui restait à courir de l'exercice de son prédécesseur.

Dans le cas où, par suite des vacances survenues dans l'intervalle de deux Assemblées générales, le nombre des Administrateurs descendrait au-dessous de douze, il pourra être pourvu provisoirement au remplacement par le Conseil d'administration.

ART. 27.

Comme l'article 24.

ART. 28.

Comme l'article 25.

ART. 29.

Comme l'article 26.

ART. 30.

Comme l'article 27.

ART. 28.

La présence de sept membres au moins est nécessaire pour la composition régulière du Conseil.

Les noms des membres présents sont constatés en tête du procès-verbal de la séance.

ART. 29.

Les délibérations sont prises à la majorité des voix des membres présents; en cas de partage, la voix du président est prépondérante.

Quand la majorité n'est pas formée de cinq membres au moins, la minorité peut demander le renvoi à une autre séance; dans ce cas, les convocations adressées aux membres du Conseil d'administration font connaître l'objet de la délibération, et, dans cette nouvelle séance, la délibération est prise à la simple majorité.

Nul ne peut voter par procuration dans le sein du Conseil.

ART. 30.

Les délibérations sont constatées par des procès-verbaux inscrits sur un registre tenu au siége de la Société et signé par le président et par deux Administrateurs.

Les copies et extraits de ces délibérations à produire en justice ou ailleurs sont certifiés par le président du Conseil ou par le membre qui en remplit les fonctions.

ART. 31.

Le Conseil d'administration provisoire sera composé de MM. :

DE ABAROA.
ARLÈS-DUFOUR.
BIESTA.
Vincent CIBIEL.
Nicolas CÉZARD.
Mathieu DOLLFUS.
Benjamin DELESSERT.
D'EICHTHAL.
GRIENINGER.
LECAMPION.

ART. 31.

Comme l'article 28.

ART. 32.

Comme l'article 29.

ART. 33.

Les délibérations sont constatées par des procès-verbaux inscrits sur un registre tenu au siége de la Société et signé par le Président et par un Administrateur.

Les copies et extraits de ces délibérations à produire en justice ou ailleurs sont certifiés par le président du Conseil ou par le membre qui en remplit les fonctions.

Art. 34.

Le premier Conseil est composé des membres du Conseil d'administration de la Compagnie générale maritime en exercice, savoir :

MM. Emile PEREIRE;
Isaac PEREIRE;
D'EICHTHAL;
CIBIEL;
DOLLFUS;
BIESTA;
GRIENINGER;

Lopès-Dubec.
Charles Mallet.
Duc de Noailles.
Émile Pereire.
Isaac Pereire.
Henri Place.
Joseph Périer.
Eugène Raibaud.
Sieber.
Et Thérouldé.

Ils sont autorisés à s'adjoindre les membres qui doivent compléter avec eux le nombre indiqué à l'article 22.

Dans le délai de trois mois à partir de la promulgation du décret d'autorisation de la Société, l'Assemblée générale procédera à la nomination du Conseil d'administration définitif.

Art. 32.

Le renouvellement de ce premier Conseil ne commencera qu'à partir de la cinquième année sociale.

Il s'opérera suivant le mode établi par l'article 23.

Art. 33.

Le Conseil a les pouvoirs les plus étendus pour l'administration des affaires de la Société, et notamment il autorise, par ses délibérations, tous achats, ventes et échanges d'immeubles, tant pour y établir le siége de la Société que pour le besoin des opérations sociales, baux, locations, quittances, transactions et compromis ;

Tous désistements d'hypothèque, de priviléges ou d'actions résolutoires sur immeubles ou successions, toutes mainlevées d'opposition, saisies et inscriptions, le tout avec ou sans payement;

Tous transferts de rentes et effets publics;

Tous achats et ventes d'objets mobiliers ;

Tous retraits de fonds;

Tous payements ou recettes de prix ou soultes d'immeubles et autres; il en donne ou retire toutes quittances;

Toute recette de sommes dues;

Tous transports et cessions de créances et prix d'immeubles ou autres avec ou sans garantie ;

Le Duc de NOAILLES ;
SIEBER ;
A. CHEVALIER ;
BIXIO ;
CLAPEYRON ;
FLACHAT ;
ARMAN ;
Eugène PEREIRE, secrétaire.

Ils sont autorisés à s'adjoindre, sauf l'approbation de l'Assemblée générale, les membres qui doivent compléter avec eux le nombre de vingt, fixé en l'article 25.

ART. 35.

Comme l'article 33.

Il accepte toute garantie et s'en désiste;

Il exerce, tant en demandant qu'en défendant, toutes actions judiciaires et notamment toutes actions en avaries ou en délaissements, toutes actions résolutoires, saisies mobilières et immobilières et sur navires;

Il autorise, s'il y a lieu, la dépense du mobilier et les frais nécessaires au premier établissement de la Société; le compte de ces frais, appuyé des pièces justificatives, devra être soumis à l'Assemblée générale et approuvé par elle.

Il détermine l'emploi des fonds libres;

Il autorise les dépenses de l'administration;

Il nomme et révoque tous agents de la Société.

Il détermine leurs attributions; il fixe leurs traitements, salaires et gratifications, et, s'il y a lieu, le chiffre de leur cautionnement, et en autorise la restitution;

Il statue sur toutes les questions qui rentrent dans l'administration de la Société;

Il arrête les comptes qui doivent être soumis à l'Assemblée générale et propose les répartitions.

Art. 34.

Le Conseil peut déléguer ses pouvoirs, en partie ou en totalité, soit à l'un ou à plusieurs de ses membres, soit à toute autre personne.

Art. 35.

Les transferts de rentes sur l'Etat et effets publics appartenant à la Société, les mandats sur la Banque de France, et sur tous dépositaires de fonds sociaux, les quittances de sommes dues à la Compagnie, soit par les particuliers, soit par l'Etat, pour prix d'immeubles, primes, subventions, exécution de marchés ou autre cause, les actes d'achats, de ventes, de locations, d'échanges, les mainlevées d'oppositions ou d'inscriptions, avec ou sans paiement, les transactions, marchés, charte-parties, polices d'assurance, règlements d'avarie, et généralement tous actes portant engagements de la part de la Compagnie; les titres provisoires et définitifs des actions, ainsi que les obligations et certificats nominatifs de dépôts sont signés par un Administrateur et par une

ART. 36.

Comme l'article 34.

ART. 37.

Comme l'article 35.

personne désignée par le Conseil, à moins d'une délégation expresse du Conseil à un seul Administrateur, au directeur ou à toute autre personne.

ART. 36.

Les membres du Conseil d'administration ne contractent, à raison de leur gestion, aucune obligation personnelle ; ils ne répondent que de l'exécution de leur mandat.

TITRE V.

Assemblées générales.

ART. 37.

L'Assemblée générale, régulièrement constituée, représente l'universalité des actionnaires.

ART. 38.

L'Assemblée générale se compose de tous les titulaires ou porteurs de vingt actions.

Nul ne peut se faire représenter à l'Assemblée générale que par un mandataire, membre de l'Assemblée.

ART. 39.

L'Assemblée se réunit de droit, chaque année, au siége de la Société, dans le courant du mois d'avril.

Elle se réunit, en outre extraordinairement, toutes les fois que le Conseil d'administration en reconnaît l'utilité.

ART. 40.

Les convocations ordinaires ou extraordinaires sont faites un mois avant la réunion, par un avis inséré dans les deux journaux indiqués à l'article 8.

Lorsque l'Assemblée a pour objet de délibérer sur des emprunts, les convocations doivent en contenir l'indication expresse.

ART. 38.

Comme l'article 36.

TITRE VI.

Assemblées générales.

ART. 39.

Comme l'article 37.

ART. 40.

Comme l'article 38,

ART. 41.

Comme l'article 39.

ART. 42.

Comme l'article 40.

ART. 41.

Les possesseurs de vingt actions ou plus doivent, pour avoir le droit d'assister à l'Assemblée générale, déposer leurs titres et leur procuration au siége de la Société, ou aux lieux et entre les mains des personnes désignées par le Conseil quinze jours avant l'époque fixée pour la réunion de chaque Assemblée.

Il est remis à chacun d'eux une carte d'admission nominative et personnelle.

Les certificats de dépôt mentionnés en l'article 15 donnent droit, pour les dépôts de vingt actions et plus, à la remise des cartes d'admission à l'Assemblée, pourvu que le dépôt des titres ait eu lieu quinze jours au moins avant l'époque fixée pour la réunion de cette Assemblée.

ART. 42.

L'Assemblée est régulièrement constituée lorsque les membres présents sont au nombre de quarante au moins et réunissent dans leurs mains le dixième du fonds social.

ART. 43.

Si cette double condition n'est pas remplie sur une première convocation, il en est fait une seconde, à quinze jours d'intervalle, où il est mentionné que la première a été sans effet.

Dans ce cas, le délai entre la convocation et le jour de la réunion est réduit à dix jours.

La carte d'admission délivrée pour la première Assemblée est valable pour la seconde.

Les membres présents à la seconde réunion délibèrent valablement, quels que soient leur nombre et celui de leurs actions, mais seulement sur les objets à l'ordre du jour de la première.

ART. 44.

L'Assemblée est présidée par le président ou par un vice-président du Conseil d'administration, ou, à leur défaut, par l'Administrateur que le Conseil désigne.

Les deux plus forts actionnaires présents, et, sur leur refus,

ART. 43.

Comme l'article 41.

ART. 44.

Comme l'article 42.

ART. 45.

Comme l'article 43.

ART. 46.

Comme l'article 44.

ceux qui les suivent dans l'ordre de la liste, jusqu'à acceptation, sont appelés à remplir les fonctions de scrutateurs.

Le bureau désigne le secrétaire.

ART. 45.

Les délibérations sont prises à la majorité des voix des membres présents.

Chacun d'eux a autant de voix qu'il possède de fois vingt actions, sans que personne puisse en avoir plus de dix, tant en son nom personnel que comme mandataire. Le nombre d'actions dont chaque actionnaire est possesseur est constaté par la carte d'admission.

Toutefois, les délibérations relatives aux emprunts, avec ou sans affectation hypothécaire, ne peuvent être prises que par une majorité composée des deux tiers des membres présents, au nombre de quarante au moins, qui devront réunir le cinquième du fonds social.

ART. 46.

L'ordre du jour est arrêté par le Conseil d'administration. Il n'y sera porté que les propositions émanant du Conseil et celles qui auront été communiquées au Conseil d'administration quinze jours au moins avant la convocation de l'Assemblée générale, avec la signature de dix membres de cette Assemblée.

Aucun autre objet que ceux à l'ordre du jour ne peut être mis en délibération.

ART. 47.

L'Assemblée générale entend le rapport du Conseil d'administration sur la situation des affaires sociales.

Elle discute, approuve ou rejette les comptes.

ART. 47.

Les délibérations sont prises à la majorité des voix des membres présents.

Chacun d'eux a autant de voix qu'il possède de fois vingt actions, sans que personne puisse en avoir plus de dix, tant en son nom personnel que comme mandataire. Le nombre d'actions dont chaque actionnaire est possesseur est constaté par la carte d'admission.

Toutefois, les délibérations relatives aux emprunts, avec ou sans affectation hypothécaire, ne peuvent être prises que par une majorité composée des deux tiers des membres présents, au nombre de quarante au moins, qui devront réunir le cinquième du fonds social.

Les emprunts, sous forme d'obligations nominatives ou au porteur, autres que ceux prévus à l'article 23 précité, devront être autorisés par MM. les Ministres des finances et de l'agriculture, du commerce et des travaux publics. L'autorisation déterminera les époques d'émission, règlera le mode, les formes et le taux des négociations, fixera les époques et les quotités des versements.

ART. 48.

Comme l'article 46.

ART. 49.

Comme l'article 47.

Elle fixe les dividendes.

Elle nomme les Administrateurs toutes les fois qu'il y a lieu de les remplacer.

Elle délibère sur les propositions du Conseil relatives à tous emprunts, avec ou sans affectation hypothécaire.

Elle prononce souverainement sur tous les intérêts de la Compagnie, et confère, par ses délibérations, au Conseil d'administration, les pouvoirs nécessaires pour les cas qui n'auraient pas été prévus.

ART. 48.

Les délibérations de l'Assemblée prises conformément aux Statuts obligent tous les actionnaires, même absents ou dissidents.

ART. 49.

Elles sont constatées par des procès-verbaux inscrits sur un registre spécial et signés par la majorité des membres composant le bureau.

Une feuille de présence, destinée à constater le nombre des membres assistant à l'Assemblée et celui des actions représentées par chacun d'eux, demeure annexée à la minute du procès-verbal ; elle est revêtue des mêmes signatures.

ART. 50.

La justification à faire vis-à-vis des tiers des délibérations de l'Assemblée résulte des copies ou extraits certifiés conformes par le président du Conseil d'administration ou par celui de ses collègues qui en remplit les fonctions.

TITRE VI.

Inventaires. — Comptes annuels.

ART. 51.

L'année sociale commence le 1er janvier et finit le 31 décembre.

Le premier exercice comprendra le temps écoulé entre la date

ART. 50.

Comme l'article 48.

ART. 51.

Comme l'article 49.

ART. 52.

Comme l'article 50.

TITRE VII.

Inventaires. — Comptes annuels.

ART. 53.

L'année sociale commence le 1er janvier et finit le 31 décembre.

A la fin de chaque année sociale, le Conseil d'administration

du décret approuvant les présents Statuts et le 31 décembre 1855.

A la fin de chaque année sociale, le Conseil d'administration dresse l'inventaire général de l'actif et du passif, et arrête les comptes sociaux.

Ils sont soumis à l'Assemblée, qui les approuve ou les rejette, et fixe, s'il y a lieu, le dividende, après avoir entendu le rapport du Conseil d'administration.

Si les comptes ne sont pas approuvés séance tenante, l'Assemblée peut nommer des commissaires chargés de les examiner et de faire un rapport à la première réunion.

TITRE VII.

Intérêts. — Dividendes.

Art. 52.

Les produits nets, déduction faite de toutes les charges, constituent les bénéfices.

Sur ces bénéfices, on prélève annuellement :

1° 5 p. 0/0 au moins et 25 p. 0/0 au plus, applicables au fonds de réserve;

2° 5 p. 0/0 du capital pour les actions.

Ce qui reste après le prélèvement, s'il y a lieu, des rémunérations prévues à l'article 25 est réparti entre les actionnaires.

dresse l'inventaire général de l'actif et du passif et arrête les comptes sociaux.

Ils sont soumis à l'Assemblée, qui les approuve ou les rejette, et fixe, s'il y a lieu, le dividende, après avoir entendu le rapport du Conseil d'administration.

Si les comptes ne sont pas approuvés séance tenante, l'Assemblée peut nommer des commissaires chargés de les examiner et de faire un rapport à la première première réunion.

ART. 54.

Les produits de l'entreprise serviront d'abord à acquitter les dépenses de toute nature nécessitées par l'exploitation; les frais d'administration, de timbre; l'intérêt et l'amortissement des obligations et de tous autres emprunts; l'amortissement du matériel naval, calculé de façon à couvrir sa dépréciation et son usure; les sommes nécessaires, soit au payement des primes d'assurance, soit à la constitution d'un fonds de réserve pour assurance, si la Compagnie demeure son propre assureur, et généralement toutes les charges sociales.

Il ne pourra être disposé du fonds d'amortissement et du fonds de réserve pour assurance, ci-dessus mentionnés, sans l'autorisation de M. le Ministre des finances.

TITRE VIII.

Intérêts. — Dividendes.

ART. 55.

Les produits nets, déduction faite de toutes les charges, constituent les bénéfices.

Sur ces bénéfices on prélèvera annuellement 5 p. 0/0 au moins applicables au fonds de réserve.

L'excédant est réparti entre les actions de la manière suivante :

Il leur est attribué :

1° Un premier dividende de 5 p. 0/0 par an du capital des actions libérées et des sommes versées sur les actions non libérées;

Le payement des dividendes se fait annuellement au 1er juillet de chaque année.

Toutefois, le Conseil d'administration est autorisé à distribuer le 1er janvier de chaque année un à-compte sur les bénéfices réalisés.

ART. 53.

Tout dividende qui n'est pas réclamé dans les cinq ans de son exigibilité est prescrit au profit de la Société, conformément aux articles 2277 et 2278 du Code Napoléon.

TITRE VIII.

Fonds de réserve.

ART. 54.

Le fonds de réserve se compose de l'accumulation des sommes produites par le prélèvement annuel opéré sur les bénéfices en exécution des articles 52 et 53.

2° 2 p. 0/0 par an du capital nominal des actions libérées et des actions non libérées.

Après ce double payement effectué aux actions, le tiers du solde des bénéfices qui pourra exister sera attribué à la Société générale de Crédit mobilier, conformément au traité précité du 19 octobre 1860, et les deux tiers restants seront répartis entre toutes les actions.

Le tiers des bénéfices attribué au Crédit mobilier en vertu du paragraphe précédent sera représenté par 24,000 coupons de jouissance, qui ne pourront être délivrés que lorsque la Société aura pu réaliser des bénéfices suffisants pour effectuer de ce chef une première distribution.

Pendant la période transitoire de l'organisation des services transatlantiques, c'est-à-dire depuis le 1er juillet 1861 jusqu'au 31 décembre 1864, il sera payé annuellement aux actionnaires cinq pour cent d'intérêt des sommes par eux versées.

Il sera pourvu au payement de ces cinq pour cent par les produits de l'entreprise, et, en cas d'insuffisance, par un prélèvement sur le capital social.

Le payement des dividendes se fait annuellement au 1er juillet de chaque année.

Toutefois, le Conseil d'administration est autorisé à distribuer, le 1er janvier de chaque année, un à-compte sur les bénéfices réalisés.

ART. 56.

Comme l'article 53.

TITRE IX.

Fonds de réserve.

ART. 57.

Comme l'article 54.

En cas d'insuffisance des produits d'une année pour fournir 25 francs par action, la différence peut être prélevée sur le fonds de réserve, sans que ledit fonds puisse être réduit au-dessous de trois millions de francs.

L'emploi des capitaux appartenant au fonds de réserve est réglé par le Conseil d'administration.

TITRE IX.

Modifications aux Statuts.

ART. 55.

L'Assemblée générale peut, sur l'initiative du Conseil d'administration et sauf l'approbation du Gouvernement, apporter aux présents Statuts les modifications reconnues utiles.

Elle peut notamment autoriser :

1° Toute réunion avec d'autres sociétés;

2° La prolongation ou la dissolution anticipée de la Société.

Dans ces divers cas, les convocations doivent contenir l'indication sommaire de l'objet de la réunion, et les résolutions de l'Assemblée ne seront valables qu'autant qu'elles auront été votées à la majorité des deux tiers des voix des membres présents.

Le nombre des membres présents devra être de cinquante au moins, représentant le quart du fonds social.

TITRE X.

Dissolution. — Liquidation.

ART. 56.

En cas de perte de moitié du capital souscrit, la dissolution d la Société peut être prononcée avant l'expiration du délai fix pour sa durée, par une décision de l'Assemblée générale.

Le mode de convocation et délibération prescrit par l'article 40 pour les modifications aux Statuts est applicable à ce cas.

TITRE X.

Modifications aux Statuts

ART. 58.

L'Assemblée générale peut, sur l'initiative du Conseil d'administration et sauf l'approbation du Gouvernement, apporter aux présents Statuts les modifications reconnues utiles.

Elle peut notamment autoriser :

1° Toute réunion avec d'autres sociétés ;

2° La prolongation de la Société.

Dans ces divers cas, les convocations doivent contenir l'indication sommaire de l'objet de la réunion, et les résolutions de l'Assemblée ne seront valables qu'autant qu'elles auront été votées à la majorité des deux tiers des voix des membres présents.

Le nombre des membres présents devra être de cinquante au moins, représentant le quart du fonds social.

TITRE XI.

Liquidation

ART. 59.

A l'expiration de la Société, l'Assemblée générale, sur la proposition du Conseil d'administration, règle le mode de liquidation et nomme un ou plusieurs liquidateurs.

Pendant le cours de la liquidation, les pouvoirs de l'Assemblée générale se continuent comme pendant l'existence de la Société.

ART. 57.

A l'expiration de la Société ou en cas de dissolution anticipée, l'Assemblée générale, sur la proposition du Conseil d'administration, règle le mode de liquidation et nomme un ou plusieurs liquidateurs.

Pendant le cours de la liquidation, les pouvoirs de l'Assemblée générale se continuent comme pendant l'existence de la Société.

La nomination des liquidateurs met fin aux pouvoirs des Administrateurs.

TITRE XI.

Contestations.

ART. 58.

Toutes les contestations qui pourront s'élever pendant la durée de la Société, ou lors de sa liquidation, soit entre les actionnaires et la Société, soit entre les actionnaires eux-mêmes, et à raison des affaires sociales, seront jugées par des arbitres, conformément aux articles 51 et suivants du Code de commerce.

En cas de contestation, tout actionnaire devra faire élection de domicile à Paris, et toutes notifications et assignations seront valablement faites au domicile par lui élu, sans avoir égard à la distance du domicile réel.

A défaut d'élection de domicile, cette élection aura lieu de plein droit, pour les notifications judiciaires, au parquet de M. le procureur impérial près le tribunal de première instance du département de la Seine.

Le domicile élu, formellement ou implicitement, comme il vient d'être dit, entraînera attribution de juridiction au tribunal de commerce du département de la Seine.

La nomination des liquidateurs met fin aux pouvoirs des Administrateurs.

TITRE XII.

Contestations.

ART. 60.

Toutes les contestations qui pourront s'élever pendant la durée de la Société, ou lors de sa liquidation, soit entre les actionnaires et la Société, soit entre les actionnaires eux-mêmes et à raison des affaires sociales, seront jugées conformément à la loi.

En cas de contestation, tout actionnaire devra faire élection de domicile à Paris, et toutes notifications et assignations seront valablement faites au domicile par lui élu, sans avoir égard à la distance du domicile réel.

A défaut d'élection de domicile, cette élection aura lieu de plein droit, pour les notifications judiciaires, au parquet de M. le Procureur impérial près le tribunal de première instance du département de la Seine.

Le domicile élu, formellement ou implicitement, comme il vient d'être dit, entraînera attribution de juridiction au tribunal de commerce du département de la Seine.

TITRE XII.

Publications.

ART. 59.

Pour faire publier ces présentes et le décret d'autorisation, quand il y aura lieu, partout où besoin sera, tous pouvoirs sont donnés au porteur d'une expédition ou d'un extrait.

TITRE XIII.

Publications.

Art. 61.

Comme l'article 59.

Paris, impr. Paul Dupont,
rue de Grenelle-St-Honoré, 45.

PARIS

IMPRIMERIE DE PAUL DUPONT

Hôtel des Fermes

www.ingramcontent.com/pod-product-compliance
Lightning Source LLC
LaVergne TN
LVHW010107230826
846091LV00005B/2121

* 9 7 8 2 0 1 3 0 6 5 9 0 0 *